# 모바일 라이프

**TRANCHES DE VIE MOBILE**
Enquête sociologique sur la grande mobilité liée au travail

under the direction of Christophe Gay, Vincent Kaufmann, Sylvie Landriève,
Stéphanie Vincent-Geslin

©Éditions Loco/FORUM VIES MOBILES, 2014
Korea Translation Copyright © LP Publishing Co. 2021
All right reserved.

This Korean edition was published by arrangement with
FORUM VIES MOBILES, (La Plaine Saint-Denis)
through Bestun Korea Agency Co., Seoul

이 책의 한국어판 저작권은 베스툰 코리아 에이전시를 통해
저작권자와 독점계약한 도서출판 앨피에 있습니다.
저작권법에 의해 한국 내에서 보호를 받는 저작물이므로
무단 전재와 무단 복제를 금합니다.

| 이 저서는 2018년 대한민국 교육부와 한국연구재단의 지원을 받아 수행된 연구임 (NRF-2018S1A6A3A03043497) |

## SLICES OF (MOBILE) LIFE
# 모바일 라이프
### 고-모빌리티 시대 일과 삶

에마뉘엘 라발레 · 스테파니 뱅상 지랑 · 뱅상 카우프만 지음
장 르베글 각색 · 그림 | 이진형 · 김희재 옮김

앨피

## 모빌리티인문학 Mobility Humanities

모빌리티인문학은 기차, 자동차, 비행기, 인터넷, 모바일 기기 등 모빌리티 테크놀로지의 발전에 따른 인간, 사물, 관계의 실재적·가상적 이동을 인간과 테크놀로지의 공-진화co-evolution라는 관점에서 사유하고, 모빌리티가 고도화됨에 따라 발생하는 현재와 미래의 문제들에 대한 해법을 인문학적 관점에서 제안함으로써 생명, 사유, 문화가 생동하는 인문-모빌리티 사회 형성에 기여하는 학문이다.

모빌리티는 기차, 자동차, 비행기, 인터넷, 모바일 기기 같은 모빌리티 테크놀로지에 기초한 사람, 사물, 정보의 이동과 이를 가능하게 하는 테크놀로지를 의미한다. 그리고 이에 수반하는 것으로서 공간(도시) 구성과 인구 배치의 변화, 노동과 자본의 변형, 권력 또는 통치성의 변용 등을 통칭하는 사회적 관계의 이동까지도 포함한다.

오늘날 모빌리티 테크놀로지는 인간, 사물, 관계의 이동에 시간적·공간적 제약을 거의 남겨두지 않을 정도로 발전해 왔다. 개별 국가와 지역을 연결하는 항공로와 무선 통신망의 구축은 사람, 물류, 데이터의 무제약적 이동 가능성을 증명하는 물질적 지표들이다. 특히 전 세계에 무료 인터넷을 보급하겠다는 구글Google의 프로젝트 룬Project Loon이 현실화되고 우주 유영과 화성 식민지 건설이 본격화될 경우 모빌리티는 지구라는 행성의 경계까지도 초월하게 될 것이다. 이 점에서 오늘날은 모빌리티 테크놀로지가 인간의 삶을 위한 단순한 조건이나 수단이 아닌 인간의 또 다른 본성이 된 시대, 즉 고-모빌리티high-mobilities 시대라고 말할 수 있다. 말하자면, 인간과 테크놀로지의 상호보완적·상호구성적 공-진화가 고도화된 시대인 것이다.

고-모빌리티 시대를 사유하기 위해서는 우선 과거 '영토'와 '정주' 중심 사유의 극복이 필요하다. 지난 시기 글로컬화, 탈중심화, 혼종화, 탈영토화, 액체화에 대한 주장은 글로벌과 로컬, 중심과 주변, 동질성과 이질성, 질서와 혼돈 같은 이분법에 기초한 영토주의 또는 정주주의 패러다임을 극복하려는 중요한 시도였다. 하지만 그 역시 모빌리티 테크놀로지의 의의를 적극적으로 사유하지 못했다는 점에서, 그와 동시에 모빌리티 테크놀로지를 단순한 수단으로 간주했다는 점에서 고-모빌리티 시대를 사유하는 데 한계를 지니고 있었다. 말하자면, 글로컬화, 탈중심화, 혼종화, 탈영토화, 액체화를 추동하는 실재적·물질적 행위자agency로서의 모빌리티 테크놀로지를 인문학적 사유의 대상으로서 충분히 고려하지 못했던 것이다. 게다가 첨단 웨어러블 기기에 의한 인간의 능력 향상과 인간과 기계의 경계 소멸을 추구하는 포스트-휴먼 프로젝트, 또한 사물 인터넷과 사이버 물리 시스템 같은 첨단 모빌리티 테크놀로지에 기초한 스마트 도시 건설은 오늘날 모빌리티 테크놀로지를 인간과 사회, 심지어는 자연의 본질적 요소로 만들고 있다. 이를 사유하기 위해서는 인문학 패러다임의 근본적 전환이 필요하다.

이에 건국대학교 모빌리티인문학 연구원은 '모빌리티' 개념으로 '영토'와 '정주'를 대체하는 동시에, 인간과 모빌리티 테크놀로지의 공-진화라는 관점에서 미래 세계를 설계할 사유 패러다임을 정립하려고 한다.

# 차례

## 모바일 라이프의 여섯 초상
장, 에밀리, 마르탱, 가비, 티에리, 크리스텔은 모두 우리와 같은 사람들이다. 즉, '고-모빌리티적'이다 .................................................. 9

## 비하인드 스토리
'고-모빌리티적' 생활 방식 이해하기, 그리고 개인 생활, 직장 생활, 이동 사이에서 균형 잡기 ............................................... 49

## 정치적 구상
'고-모빌리티적인 사람'이 되고 싶은 열망, 그리고 그런 사람이 삶을 더 용이하게 살 수 있는 방법 ..................................... 83

저자에 대하여 ....... 96

# 모바일 라이프의
# 여섯 초상

# 장
## JEAN

# 에밀리
# EMILIE

중학교 교사는 수업 이외에도 할 일이 많다. 에밀리는 지역 급행열차 안에서
어느 정도 일을 처리할 수 있다. 그러나 지역 라디오 방송국의
역사 프로그램 제작을 위해 일할 시간만은 늘 확보해 둔다.

에밀리는 서류와 책, 그리고 커피가 든 보온병과 쿠키를 챙겨
자신만의 자리에 둥지를 튼다. 물론 누구와도 마주 보지 않는 좌석에.
기차에서는 시간이 잠을 잘 때만큼 빠르게 흐르는 것 같다.

교육학을 전공한 에밀리는 곧 직장을 구했고,
가족을 꾸렸으며, 미래에 대해 생각하기 시작했다.

가르치는 일은 정말로 천직이다. 에밀리는 학생들이 성장하는 모습을
지켜보는 게 즐겁다. 그녀는 앙주 지역의 역사 문화 유산, 특히 중세 시대 유산에
대한 열정을 함께 나눔으로써 학생들의 호기심을 자극하기 위해 노력한다.

마르탱

MARTIN

가비
GABY

가비가 병원으로 출퇴근한 지 이제 1년이 되어 간다. 가비는 간호조무사로 일하고 있다.

데이케어센터와 학교에 들르는 시간, 그리고 버스, 기차, 지하철 등을 타는 시간을 모두 합치면 출근하는 데 총 1시간 20분이 걸린다. 물론 모두 러시아워에 말이다.

가끔씩 가비는 넋이 나간 듯한 기분이 든다.

8:58 AM.

안녕하세요, 밀롯 씨. 오늘은 좀 어때요?

좋아요, 좋아.

이게 뭐예요? 링거를 빼놓으면 어떻게 해요!

아 맞다. 내가 그랬지.

다시 꽂는 김에 약 대신 다른 것도 좀 넣어 주지 그래? 와인… 한두 방울쯤은

괜찮잖아.

제 말 잘 들으면 한 병을 통째로 드릴 수도 있어요.

좋지!

가비는 자기 직업에 만족한다. 정규직 전환만 되면 더 바랄 게 없다. 6개월 뒤에 가비는 일자리를 찾고, 면접을 보고… 이 모든 일을 다시 시작해야 한다.

그런데 어디로 가야 하는 걸까? 그게 문제다. 파리 주변에는 일자리가 거의 없고, 병원들은 모두 멀리 떨어져 있다. 게다가 가비는 운전면허증도 없다.

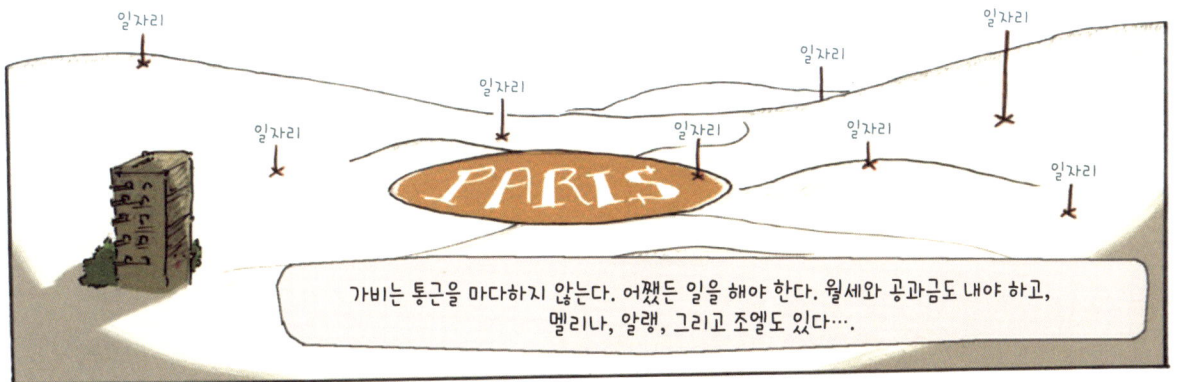

가비는 통근을 마다하지 않는다. 어쨌든 일을 해야 한다. 월세와 공과금도 내야 하고, 멜리나, 알랭, 그리고 조엘도 있다….

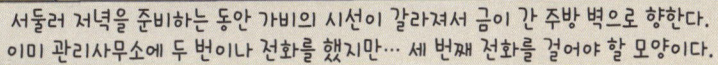

# 티에리
# THIERRY

길 위에서 라디오는 뉴스를 쏟아 내고, 실없는 농담으로 가득한 아침 토크쇼를 방송한다.

티에리는 기어를 바꿀 때마다 채널을 돌린다. 오랜 버릇이다.

오전 8시 15분. 운전은 지루하다. 티에리는 좀처럼 집중하지 못한다. 어쩔 수 없다. 제대로 들었다면 오늘 밤 FC낭트의 홈 경기가 있다는 소식을 놓치지 않았을 텐데 말이다.

산만한 티에리는 철도 건널목에서 사람들로 가득 찬 기차가 지나가는데도 눈길 한 번 주지 않는다. 그저 출근 전 차에 기름을 넣을까 말까 고민할 뿐이다.

기름이 반 정도 남았는데 금요일까지, 아니 토요일까지 버틸 수 있을까? 혹시 모르니까… 돌아서 기름을 넣고 가야겠다.

오전 8시 30분. 티에리는 주유소에 들른다. 주유하는 데 25유로, 이제 계좌에는 300유로가 남아 있다.

몇 분 뒤, 티에리는 아침 강의를 할 학교에 도착한다.

집에 들러 짧은 휴식을 취한다. 지스카르에게 밥을 주기에는 충분한 시간이다.

Y'A DES CIGALES DANS LA FOURMILIÈRE
ET VOUS N'POUVEZ RIEN Y FAIRE
Y'A DES CIGALES DANS LA FOURMILIÈRE
ET C'EST POUR ÇA QUE J'ESPÈRE...

티에리는 월셋집에 살고 있다.
안정적인 직장이 없으면
대출 받는 게 하늘의 별 따기다.

그래도 괜찮다!
자신의 '둥지'에서 온전히
집에 있음을 느낀다.
마치 집이 자기 소유인 것처럼 말이다.

친구들이 가까운 곳에 살고,
형과 여동생도 근처에 산다.
이웃들과도 친하게 지낸다.
티에리는 이웃들의 잡다한 일을
곧잘 도와준다.
가끔은 그런 일이 돈이 된다.

오늘은 마르셀의 변기가 문제다. 작업은 10분이면 끝나지만 40분 동안 세상이 너무 빨리 변하고 있다는 푸념을 들어야 한다.

오후 8시 30분. 마고의 연주회에 갈 시간이다. 마고는 7년째 티에리에게 개인 교습을 받고 있다. 풀랑크의 소나타. 마고의 연주에는 진심이 담겨 있다.

오후 11시 30분. 티에리는 피곤하다. 연주회가 끝나고 집으로 돌아오는 데 50분이 걸렸다.
빌어먹을 축구 경기 때문에 허리가 아프다. 오늘 거의 3시간을 차 안에서 보냈다.
내일의 스케줄은 또 다를 것이다.

물론 언제나처럼
차로 움직일 것이다.

# 크리스텔
# CHISTELLE

7:46 A.M.     7:49 A.M.     7:52 A.M.     7:55 A.M.     7:57 A.M.

크리스텔은 코트와 가방을 잘 걸어 두고 컴퓨터를 켠다. 지금 그녀는 영업팀의 목표를 설정하는 업무를 맡고 있다.

크리스텔은 그 업무에 능숙하다. 몇 년 동안 영업사원으로 일했기 때문이다.

처음에는 렌 지방을 담당했다.

다음에는 프랑스 서부 전역을 맡았다. 그러는 동안 하나의 보험사를 쭉 이용했다.

월요일부터 금요일까지 길 위에서, 매일 밤 다른 호텔, 차 뒷좌석에 걸려 있는 정장, 그리고 여행 가방 한 구석에 항상 챙겨 둔 비상용 세면도구.

크리스텔은 심지어 여행용 다리미까지 갖고 다녔다. 영업 출장을 다니는 동안, 그녀는 내비게이션도 켜지 않고 편안하게 운전대를 잡고 달리면서 아름다운 마을과 멋진 식당을 발견하기도 했다.

# 비하인드 스토리

# 장, 에밀리, 마르탱, 가비, 티에리, 크리스텔…

앞에서 살펴본 여섯 사람은 완전히 허구적인 인물이 아니다. 어쩌면 당신은 이들을 알고 있을지도 모른다. 오늘날 우리 사회 노동자들 가운데 상당수가 이들로 대변된다는 점에서 말이다.

이렇게 일하는 사람들에게는 하나의 공통점이 있다. 일을 하기 위한 이동에 많은 시간을 쓴다는 (혹은 썼다는) 점이다. 이동 거리가 어떻든—대개는 집에서 멀리—이동하는 데 쓴 시간은 그들의 개인적 경험을 구성하고, '고-모빌리티high mobility'라는 특정한 생활 방식을 만들어 낸다.

일 관련 고-모빌리티work-related high mobility에 대한 연구는 시간 및 공간과의 새

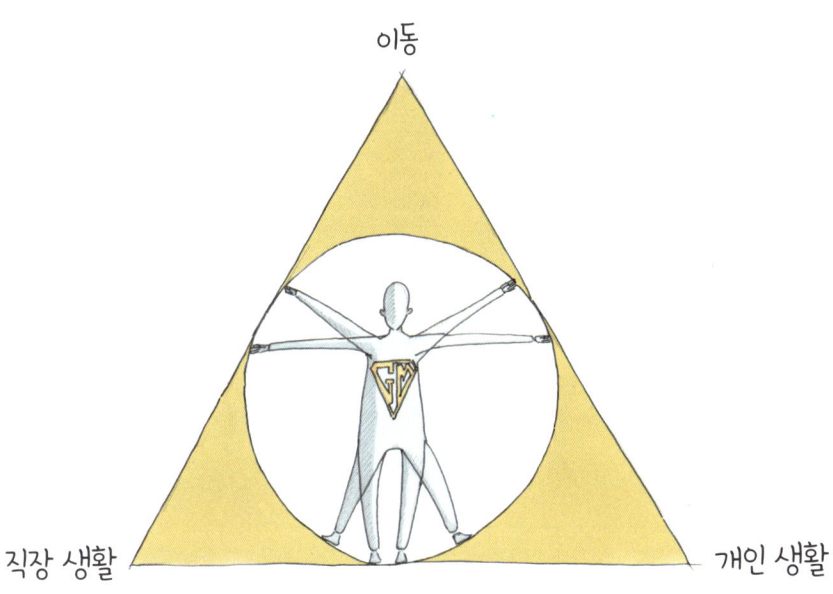

일 관련 고-모빌리티 삼각형

로운 관계를 보여 준다. 이는 단순한 교통문제를 넘어서는 것으로, 사람들이 일과 개인 생활 사이에서 균형을 찾기 위해 삶의 매 순간마다 해야 하는 복잡한 선택을 조명할 때 비로소 드러날 것이다.

집보다 호텔에서 자는 날이 더 많다면 아이들을 키울 수 있을까? 실업을 각오하지 않고도 고향에서 계속 살아갈 수는 없을까? 일을 하려면 여권과 여행 가방이 반드시 필요한가? 새로 수리한 집에서 계속 지내려면 몇 시간씩 통근을 해야만 하나? 일자리 구하기란 고-모빌리티 생활 방식의 수용을 의미하는 걸까? 이 모든 의문과 그 외 다른 많은 의문들을 풀고자 연구자들은 독일, 스페인, 프랑스, 스위스 등지의 고-모빌리티 직업군을 대상으로 사회학적 조사를 실시했다.

여섯 편의 만화는 모바일 라이프를 잠깐씩 보여 준다. 이 현상을 좀 더 깊이 이해하는 데 도움이 되는 더 많은 열쇠들이 여기 있다.

## 모바일 라이프 연구 프로젝트

- 이 책에 등장하는 인물들의 초상과 조사 내용은 '모바일 라이프 연구 프로젝트'에 기초한다.

- 이 프로젝트의 목표는 일 관련 고-모빌리티 현상과 그것이 사람들의 직장 생활과 개인 생활에 미치는 영향을 더 잘 이해하는 데 있다.

- 유럽 연구 프로젝트는 2006년 독일, 벨기에, 스페인, 프랑스, 폴란드, 스위스 등 6개국에서 '직업 모빌리티와 가정생활' 연구 프로그램의 일환으로 시작되었다.

- 이 연구의 첫 단계는 7,220명을 대상으로 한 통계조사를 토대로 2010년에 완료되었다.

- 2011과 2012년에 이루어진 두 번째 조사는 6개국 가운데 독일, 스페인, 프랑스, 스위스 등 4개국에서 총 1,985명을 대상으로 이루어졌다. 2007년 조사에 참여했던 사람들도 다시 인터뷰에 응했다. 아울러 현재 고-모빌리티적이거나 과거 고-모빌리티적이었던 40명에 대한 인터뷰도 병행했다.

- 6년이 넘는 기간 동안 10개의 연구팀이 이 프로젝트에 참여했다(81쪽 참고).

# 고-모빌리티적 개인들

여섯 인물의 초상을 통해서 우리는 고-모빌리티가 지극히 평범한 것임을 강조하려 했다. 우리 주변은 매일 출퇴근에 엄청난 시간을 쓰는 사람들, 직장이 너무 멀어서 주중에는 연인 또는 배우자와 떨어져 지내는 사람들, 업무의 일환으로 여러 지역이나 국가, 심지어 세계를 돌아다니는 사람들로 가득 차 있다.

2명 중 1명은 직장 생활을 하면서 한 번쯤은 업무 관련 고-모빌리티를 실행한다

2007년에 유럽 가정의 약 18~25퍼센트가 고-모빌리티의 영향을 받았다. 25세 이상 54세 이하 성인 가운데 9퍼센트는 고-모빌리티적이었고, 8~11퍼센트는 모빌리티적 연인 혹은 배우자를 갖고 있었다. 인터뷰 당시 고-모빌리티적인 사람들 외에도, 많은 사람이 한 번쯤은 고-모빌리티 시기를 경험하는 것으로 나타났다. 2011년에는 30세 이상 59세 이하의 응답자 가운데 다수가 고-모빌리티 시기를 경험한 바 있다고 답했다 (그 비율은 스페인 38퍼센트에서 프랑스 57퍼센

트까지 다양했다). 오른쪽 그래프가 보여 주듯, 2007년에서 2011년 사이에 고-모빌리티의 영향이 약간 감소했는데, 이는 나이가 들수록 고-모빌리티 시기 또한 줄어든다는 가설을 뒷받침한다.

고-모빌리티의 영향을 받는 가정의 비율
(스페인, 프랑스, 스위스, 독일)

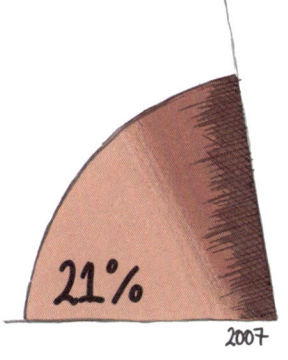
21%
2007

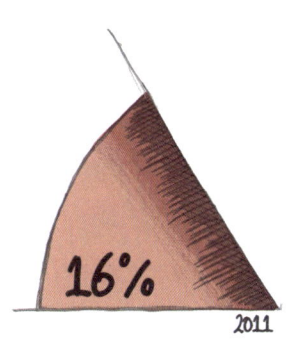
16%
2011

고-모빌리티적인 사람이라고 하면, 보통 어두운 색 정장 차림에 한 손에는 서류 가방을 들고 다른 한 손으로는 캐리어를 끌면서 공항과 기차역을 서둘러 걸어 다니는 이들을 떠올린다. 이는 일종의 정형화된 이미지다(이 책에 등장하는 '인물들' 가운데 마르탱이 가장 흡사할 것이다). 그러나 고-모빌리티는 다양한 삶의 방식을 반영하는 매우 광범위한 상황과 실천을 포함한다.

이 책에 등장하는 다른 다섯 인물들의 초상처럼 말이다. 업무—가능하면 성취감을 주는 업무—와 풍요롭고 행복한 개인적·사회적 삶의 균형을 맞추는 것은 극도로 고-모빌리티적인 사람들이 추구하는 중요한 목표다. 하지만 대개는 집과 직장이 멀리 떨어져 있기 때문에 그런 균형을 달성하기 어렵다. 맞벌이 부부라면 더더욱. 그렇다면 고-모빌리티적인 사람은 과연 어떤 이들인가? 정장과 여행 가방 말고 어

비하인드 스토리

떻게 그들을 정의할 수 있을까?

고-모빌리티적인 사람을 식별하는 데에는 성별과 가계 구조를 살펴보는 것이 유용한 방법이 될 수 있다. 2011년 기준, 30세 이상 59세 이하 사람들 가운데 남성은 13퍼센트가 고-모빌리티적이었던 반면 여성은 7퍼센트만 고-모빌리티적이었다(이 차이는 남성의 고용률이 여성에 비해 높은 것과 무관하다). 또한 가계 구조를 보면, 배우자 혹은 연인과 자녀가 있는 가정에 비해 한부모가정인 경우가 고-모빌리티적 개인의 비율이 2배 높았다(15퍼센트 대 8퍼센트).

가비와 같은 싱글맘은 가사, 가정생활, 직장생활 등에서 부딪히는 시간적·공간적 제약을 혼자 극복해야 한다. 자녀 양육에는 시간 및 조직 관련 제약뿐 아니라 안정적 수입의 필요성까지 더해진다. 우리 연구는 이런 상황에 놓인 개인들이 불규칙적으로 모빌리티를 실행하려는 경향을 갖고 있다는 점, 그리고 다른 사람들보다 더 자주 고-모빌리티 상황을 시작하고 끝낸다는 점을 보여 준다. 나아가 우리 연구는 성별과 가계 구조 외에, 수입은 고-모빌리티의 결정 요소가 아니라는 사실을 밝혔다.

다시 말해, 통념과 달리 고소득층(마르탱·크리스텔·에밀리·장)과 저소득층(가비·티에리) 모두 고-모빌리티를 실행한다. 마찬가지로 교육도 고-모빌리티에 거의 영향을 미치지 않는다. 연령을 봐도 고-모빌리티 노동자가 반드시 젊은 사람은 아니었다. 고-모빌리티적인 사람들의 사회적·인구학적 다양성은 사람들이 고-모빌리티적이게 되는 이유와 고-모빌리티를 경험하는 방식을 좀 더 자세하게 보여 준다.

여성에 비해 남성이 2배 더 고-모빌리티적이다.

## 일상적 모빌리티

우리의 연구 결과가 보여 주는 것은, 다양한 고-모빌리티 형식과 실행을 숙고하려면 개인 생활과 직장 생활 간의 균형 맞추기를 반드시 고려해야 한다는 점이다.

지리적 제약이 있으면 이상적인 가정생활과 직업적 성공은 충돌할 가능성이 높다. 통근, 때때로 장거리 통근은 이 문제를 해결하는 하나의 방법이다. 우리가 여섯 인물의 초상에서 개인적 이동 상황과 조건, 직업적 이동 상황과 조건(교통수단, 이동 시간의 활용, 이동 시간에 대한 긍정적 또는 부정적 인식 등)을 모두 보여 주려고 한 이유가 여기에 있다.

사람들과 고-모빌리티의 관계를 다룬 한 묶음의 연구 결과에 활기를 불어넣으면, 그러한 초상들은 더 큰 의미를 갖게 된다.

# 거주 지역:
# 고-모빌리티의 실행에 거의 영향을 주지 않는다

우리가 발견한 중요한 연구 결과 가운데 하나는 접근성에 관한 것이다. 교통 접근성의 질과 무관하게 거주 지역은 고-모빌리티의 실행에 거의 영향을 주지 않았다. 단, 매일 장거리 통근을 하는 경우는 예외였다. 이는 접근성이 좋은 도시 지역에 거주하는 2007년 응답자들에게 더 공통적으로 나타났다. 하지만 2011년에는 고-모빌리티적 응답자들이 교외나 지방에 살 가능성과 도시 지역에 살 가능성—접근성이 좋은 지역 대 접근성이 열악한 지역—사이에 차이가 없었다.

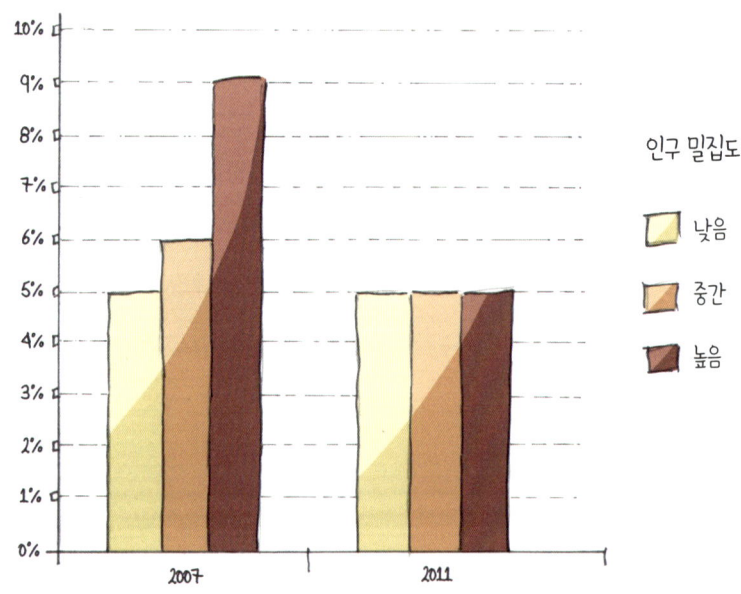

통근자의 이동은 도시만의 특수한 현상이 아니다

여섯 인물들의 초상 또한 고-모빌리티적인 사람들의 다양한 거주 상황을 잘 보여 준다. 밀도 높은 도시 중심지(크리스텔과 티에리), 소도시(에밀리), 교외 지역(가비와 장), 지방(마르탱).

## 고-모빌리티와 연인/가족 관계: 아슬아슬한 균형 맞추기

장의 프로필은 고-모빌리티의 또 다른 중요한 특징, 즉 부부 관계 악화를 잘 보여 준다. 부부 가운데 한 명이 정기적으로 외박을 할 경우 특히 그렇다. 두 번의 조사(2007년과 2011년) 사이에 연인 또는 배우자와 살고 있다고 응답한 모빌리티적 남성 가운데 13퍼센트가 이별을 경험한 반면, 비-모빌리티적 남성 응답

자의 경우 그 비율이 9퍼센트에 그쳤다. 모빌리티적 여성 응답자 가운데는 17퍼센트가 이별을 했고, 비-모빌리티적 여성 응답자 중에는 8퍼센트가 그런 경험을 했다.

더 자세한 통계 분석에 의하면, 고-모빌리티로 인한 부부 관계 악화는 주로 자녀가 없는 여성과 자녀가 있는 남성에게 영향을 미쳤다. 여성은 엄마가 되면 고-모빌리티를 거부한 반면, 남성은 아빠가 되어도 아무런 태도 변화를 보이지 않았다. 크리스텔의 프로필은 이를 잘 보여 준다. 크리스텔은 아이가 생기면서 출장이 잦은 직장을 기꺼이 포기했다. 이는 가정생활이나 부모 역할에 고-모빌

리티가 적합하지 않은 것으로 인식되고 있음을 증명한다.

2007년에 모빌리티적이었으나 2011년에는 더 이상 모빌리티적이지 않은 남성의 비율이 아이가 없는 경우에는 51퍼센트, 아이가 있는 경우에는 59퍼센트였다.

같은 조건에서 여성 응답자는 아이가 없는 경우 56퍼센트가 계속 모빌리티적이었지만, 아이가 있을 때는 83퍼센트가 더 이상 모빌리티적이지 않았다. 더욱이 첫째 아이일 경우에는 고-모빌리티를 완전히 멈추었다.

그럼에도 한 가지 분명한 것은 남성과 여성 모두에게 고-모빌리티는 출산, 적어도 첫째 아이의 출산을 늦추게 만드는 요인이라는 점이다. 물론 성별에 따른 차이는 분명 존재한다. 자녀를 여럿 둔 가정에서는 여성에 비해 남성이 고-모빌리티적이기 쉽다.

당연하게도 고-모빌리티적인 사람의 배우자는 많은 경우 집에서 가까운 직장을 찾거나, 심지어 경력을 포기하기도 한다. 우리는 마르탱을 통해서 이 점을 보여 주려 했다. 마르탱의 모빌리티는 일상을 집 근처에서 보내는 아내의 부동성 immobility 덕분에 가능한 일이다.

주지하다시피, 집에서든 직장에서든 모든 고-모빌리티는 부동성에 의존한다. 우리는 또한 고-모빌리티가 전통적 성역할을 강화한다는 점도 지적했다. 자녀가 있는 경우, 여성들은 모빌리티적 배우자가 없을 때 가정의 보호자 역할을 한다. 그 반대 여성들, 즉 고-모빌리티적인 엄마는 흔치 않다. 이 경우 고-모빌리티가 집안일의 더 균등한 분배에 도움이 되기는 하겠지만 말이다.

## 출산은 여성에게 더 큰 영향을 미친다

**83%** 여성 응답자의 83퍼센트는 아이를 낳은 뒤 고-모빌리티를 중단한다

**59%** 남성 응답자의 59퍼센트는 아이를 낳은 뒤 고-모빌리티를 중단한다

# 첫 직장에서 은퇴에 이르는 네 가지 유형의 고-모빌리티 행로

1. 직장 생활 초반기에 단기적 모빌리티를 경험하는 유형

3. 직장 생활 전체에 걸쳐 점진적 모빌리티를 경험하는 유형

그래프 읽는 법: 조사에 응한 직장인은 네 집단으로 구분된다. 각 집단은 업무 관련 고-모빌리티 행로의 네 가지 유형을 보여 준다. 예를 들어, 첫 번째 그래프를 보면 직장 생활 초반기에 단기적 모빌리티를 경험하는 고-모빌리티적인 사람들 가운데 20퍼센트는 20세에 고-모빌리티적 직업을 갖고 있었다.

## 2. 직장 생활 초반기 혹은 후반기에 단기적 모빌리티를 경험하는 유형

## 4. 일찍 모빌리티를 시작해서 집약적으로 모빌리티를 경험하는 유형

# 고-모빌리티:
# 단기적 상황인가, 장기적 상황인가?

우리가 조사한 자료에 따르면, 고-모빌리티는 장기적 견지에서—직업 자체의 본래적 특성인 경우—다루어질 수도 있고 혹은 하나의 시기로 간주될 수도 있다. 우리는 모빌리티가 사람들의 일생에서 어떤 역할을 하는지에 따라 인물 유형을 4개로 구분했다(62~63쪽 그래프 참고).

첫 번째 유형은 직장 생활 초기의 단기적 모빌리티 경험을 보여 준다. 이 유형의 개인들은 비교적 일찍 노동시장에 들어가 20세부터 25세 사이에 일회적으로 단기적 고-모빌리티를 경험한다.

에밀리는 첫 번째 유형에 해당한다. 그녀에게 고-모빌리티는 일시적 상황이다. 긴 통근은 가정과 직장 생활 사이에 긴장을 유발하기 때문에 그런 상황으로 다시 돌아갈 가능성은 없다.

두 번째 유형 역시 직장 생활 초반기 모빌리티 경험을 보여 준다. 젊고 교육 수준이 높은 개인들은 노동시장에 늦게 진입하는 경향이 있다. 이들의 모빌리티 경험은 보통 일시적이지만 그들 중 일부는 40대에 (자녀가 독립하고 나면) 다시 모빌리티를 실행하기도 한다. 크리스텔이 이 유형의 대표적 인물이다.

세 번째 유형은 현재진행형의 일시적 장기 모빌리티를 보여 준다. 마르탱과 티에리는 전혀 다른 삶을 살고 있지만 둘 다 이 유형의 대표자들이다.

네 번째 마지막 유형에는 가비나 장처럼 현재 진행형의 일상적 모빌리티를 실행하는 사람들이 해당한다.

## 고-모빌리티:
## 이젠 일반적인 것이 되었나?

장의 모빌리티는 모빌리티적 직업을 가진 많은 사람들을 대변한다.

기관사를 비롯해 대형 트럭 운전사, 승무원, 선장, 선원, 군인, 소방관 등은 정기적으로 집을 떠나 있어야 하는 직업이다. 이러한 직업은 새로운 직종이 아니며, 그래서 이 분야 종사자의 수가 급격히 늘어날 거라고 예측하기는 어렵다. 예를 들어, 모든 유형과 직급을 통틀어 영업사원의 수는 1980년대 이후 꾸준히 증가한 반면, 군인·경찰·소방관 등은 그 수가 감소했다(프랑스 국립통계경제연구소 INSEE 직업 조사). 예기치 못한 변화가 발생할 가능성은 차치하고라도 자료의 부족 때문에 그런 직업에서 고-모빌리티가 증가할지 그렇지 않을지 예측하는 것은 거의 불가능하다.

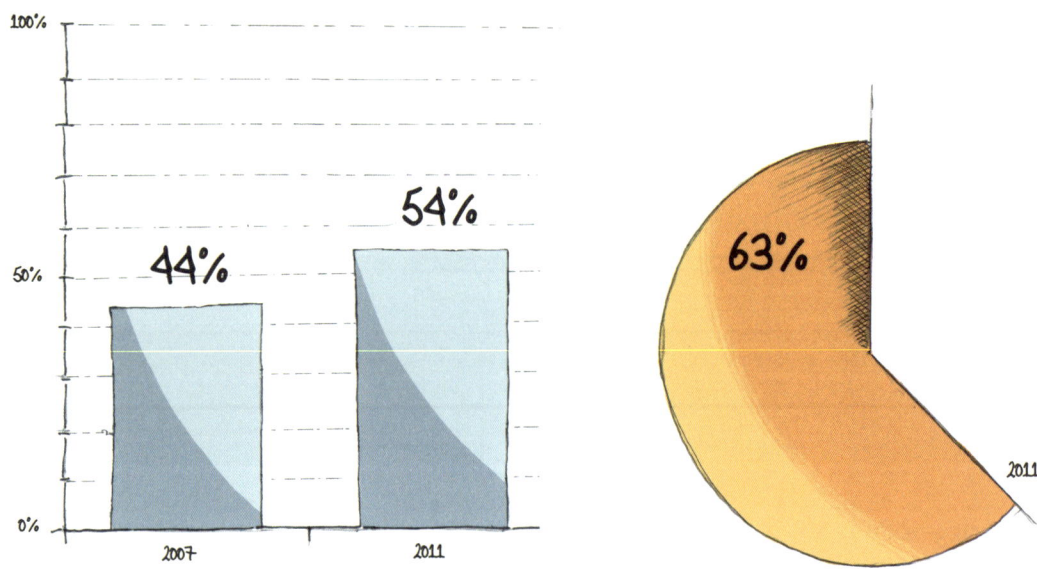

장은 이동하는 데 많은 시간을 쓰는 것을 긍정적으로도 부정적으로도 보지 않는다. 장에게 그것은 단지 피할 수 없는 상황, 즉 자신이 선택한 직업의 본래적 부분일 뿐이다. 이 점에서 그는 고-모빌리티적인 사람들 가운데 상당수를 아주 잘 대표하고 있다.

2007년 프랑스, 독일, 스페인, 스위스에서는 44퍼센트가 고-모빌리티를 '정상적'이라고 생각했다. 2011~2012년에는 이 수치가 54퍼센트로 증가했다. 심지어 63퍼센트는 고-모빌리티를 필수적인 것이라고 보았다. 직업상 고-모빌리티적인 사람들에 더해, 점점 더 많은 개인들이 고-모빌리티를 '정상적'인 것으로 보았다.

## 경제적 조건이 고-모빌리티에 미치는 영향

고-모빌리티가 점차 개인 생활과 직장 생활의 균형을 맞추는 데 필요한—심지어 정상적인—요소로 여겨지게 된 것은, 많은 부분 심각한 경기 침체의 영향이다. 실업률이 높아짐에 따라 고용안정성이 낮은 사람들에게 고-모빌리티가 강요된 것이다. 2011년 응답자의 45퍼센트가 이 사실을 확인시켜 주었다.

이런 이유에서 티에리는 자주, 때로는 먼 거리를 통근해야만 했다. 티에리의 각종 파트타임 일자리와 고-모빌리티는 업무의 본성과 강도가 변화하는 불안정한 상황을 반영한다. 고-모빌리티는 또한 실업 방지책이 될 수도 있다. 2011년 조사에서  30세 이상 59세 이하의 고-모빌리티적인 사람들 가운데 62퍼센트가 그렇게 실업을 면했다. 스페인에서는 이 수치가 거의 80퍼센트에 육박했다.

하지만 고-모빌리티에 관한 한 모두가 평등하지는 않다. 교통수단에 대한 접근성은 가비에게는 골치 아픈 문제지만 크리스텔에게는 그리 문제가 되지 않는다. 조직과 시간 관리 기술, 낯선 장소에서 돌아다닐 수 있는 능력, 그리고 낯선 사람과 편하게 어울리는 일 역시 고-모빌리티에 반드시 필요하다. 그런 기술은 어려서부터 습득하는 것이고, 그래서 불평등의 한 형태가 될 수 있다. 마르탱과 크리스텔은 잘 준비되어 있지만, 티에리와 에밀리는 그렇지 못하다.

## 모빌리티에 대한 여러 태도들

여섯 명의 모빌리티 서사는 고-모빌리티가 일반적인 것이 되고 있음에도 불구하고 개인들의 기술은 크게 차이가 난다는 사실을 보여 준다. 우리 연구는 모틸리티motility라는 개념, 즉 각 개인의 모빌리티 '잠재력potential'에 기초해 있다.

이 잠재력의 구성 요소는 다음과 같다. ① 교통의 제공, ② 개인의 모빌리티 기술과 계획, ③ 모빌리티적이고자 하는 욕망. 구체적으로 우리가 조사에서 고려한 것은 빠른 교통에의 접근성(고속도로, 고속철도, 공항 등), 모빌리티의 견지에서 본 개인 기술(지도를 읽는 능력, 길 찾기 능력, 다언어 구사 능력 등), 그리고 사람들의 모빌리티 성향(기꺼이 이동하려는 성향, 기꺼이 하루 2시간 이상 통근하려는 성향, 기꺼이 잦은 출장을 떠나려는 성향 등)이다. 이러한 척도에 기초한 결과 여섯 집단이 등장했다.

처음 두 집단에는 약한 모빌리티 기술을 소유한 이들과 강한 모빌리티 기술을 소유한 이들이 속한다. 티에리와 마르탱은 대조되는 두 집단을 완벽하게 보여 준다(62쪽 그래프 참고).

티에리가 속해 있는 집단은 모빌리티가 약하고, 또한 비교적 큰 집단에 해당한다. 이 집단의 경우 교통 시스템에 대한 접근성은 평균 수준이지만, 모빌리티 잠재력 측면에서 개인적 자원은 약하다. 이는 부족한 언어 능력과 모빌리티적이지 않으려는 성향에 기인한다. 이 집단에 속한 사람들은 대부분 60세 이하다. 나이가 들면 신체적 장애, 새로운 테크놀로지에 적응하거나 그것을 사용하는 데 대한 어려움, 안정적인 삶에 대한 욕구, 크게 변화하지 않으려는 성향 등으로 인해서 모빌리티 잠재력이 감소할 수 있다. 그러나 50대 혹은 그보다 어린 세대에 해당하는 이야기는 아니다.

두 번째 집단에는 강한 모빌리티, 교통 시스템에 대한 좋은 접근성, 그리고 훌륭한 모빌리티 기술을 지닌 사람들이 속한다. 이 집단 사람들—주로 젊은 남성들—은 모빌리티 형태와 무관하게 기꺼이 모빌리티적이고자 한다.

이들은 간혹 배우자가 있기는 하지만 많은 경우 자녀를 두고 있지 않기 때문에 취업 기회가 왔을 때 일반적으로 가족에 따른 제약을 거의 받지 않는다. 직장의 위치와 필요한 모빌리티 형태를 고려하지 않아도 되는 것이다.

이 집단 사람들은 주택을 거의 소유하고 있지 않은데, 이는 그들이 거주지에 거의 애착을 갖지 않은 것과 일맥상통한다. 그리고 많은 이들

이 해외 거주 경험도 갖고 있다. 마르탱이 좋은 사례다. 마르탱은 교통을 이용하고 새로운 장소로 이동하는 데 전혀 불편함을 느끼지 않는다. 다가올 중국 출장도 전혀 걱정하지 않는다. 마르탱은 시간과 공간을 효율적으로 관리하는 방법을 잘 알고 있고, 예측과 임기응변—이동에 유용한 기술—에도 능하다.

나머지 집단들은 앞서 언급한 두 극단의 혼합이다. 세 번째 집단과 네 번째 집단에는 기술과 접근성이 계획에 부합하지 않는 사람들이 속한다. 다른 말로 하면, 하고 싶은 것과 할 수 있는 것이 일치하지 않는 집단이다. 크리스텔과 가비가 이 유형의 사례다.

크리스텔이 속한 세 번째 집단은 좋은 접근성, 기술, 연봉 등에도 불구하고 모빌리티적이지 않으려는 특성이 있다. 이는 최상의 이동 조건을 구비한 사람이라도 고-모빌리티를 거부할 수 있음을 보여 준다.

이 집단 사람들의 모빌리티 상태는 장기적인 경향이 있다. 물론 과거에 그들은 (크리스텔과 달리) 거의 모빌리티적이지 않았다. 많은 이들이 이주를 택했는데, 이는 의심할 여지 없이 긴 통근이나 잦은 외박을 피하기 위해서였다. 이 모두는 정주적 생활 방식에 대한 욕망과 집에 대한 강한 애착을 강조한다. 운동성 없는 집단이 그렇듯, 이 경우도 여성이 남성보다 훨씬 많다.

그와 달리 가비가 속한 네 번째 집단은 한정된 기술, 평균적인 접근성, 강력한 모빌리티 성향 등을 특징으로 한다. 이 집단 사람들은 어려운 경제적·사회적 환경으로 인해 모빌리티적일 것을 강요받는다. 언어 능력도 부족하고 직무와 관련한 일로 70마일 이상 이동해 본 사람도 거의 없지만, 그들은 기꺼이 이주도 하고 잦은 이동도 하려는 성향을 보인다. 남성, 독신자, 그리고 평균 수준의 교육을 받은 사람이 이 집단에 속할 가능성이 있다. 이들은 대부분 주택 소유자가 아닌데, 한 장소에 정착할 수 없다는 게 그 이유 중 하나일 것이다.

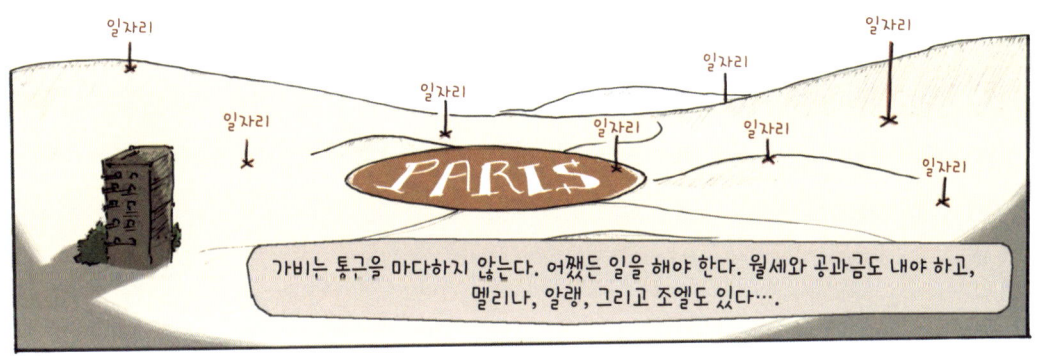

마지막 두 집단은 이사와 통근 사이의 거래를 보여 준다. 에밀리는 이사를 하는 대신 매일 원치 않는 통근을 한다는 점에서 이 집단에 속한다. 이 집단에 속하는 사람들은 좋은 교통 접근성과 기술을 지녔지만, 장거리 통근이나 외박(직장 근처에 임시 거처를 얻는 것) 같은 가역적 모빌리티reversible mobilities를 선호한다. 그들은 또한 연령, 성별, 교육 수준 등에서 분명한 경향이 없고 각양각색이다.

그렇지만 분명한 것은, 그들이 많은 경우 가족과 함께 거주하고 있고, 소득 수준이 매우 높으며, 거주 도시나 마을에 애착을 느끼고 있다는 점이다.

여섯 번째 집단에는 앞에서 소개한 여섯 인물 가운데 누구도 속하지 않는다. 다만 에밀리가 이 집단에 속하는 사람 중 한 명과 마주친 바 있다. 이 집단의 개인들은 훌륭한 접근성과 기술을 갖고 있으며, 기꺼이 지역 간 또는 국제적 이주를 감행하려는 성향 또는 잦은 출장을 실행하려는 성향이 있다. 주목할 것은, 그들이 매일 장거리 통근을 하거나 외박을 할 가능성(즉, 규칙적인 가역적 모빌리티)이 거의 없다는 점, 또한 좋은 교육을 받고 높은 소득이 있는 젊은 남성이기 쉽다는 점이다.

이렇게 기꺼이 이동하려는 성향은 (집, 도시, 국가 등에 대한) 약한 장소 애착과 밀접하게 연결되어 있다. 비-가역적인 사람들 가운데 대다수가 세입자라는 점은 그런 경향을 확인시켜 준다.

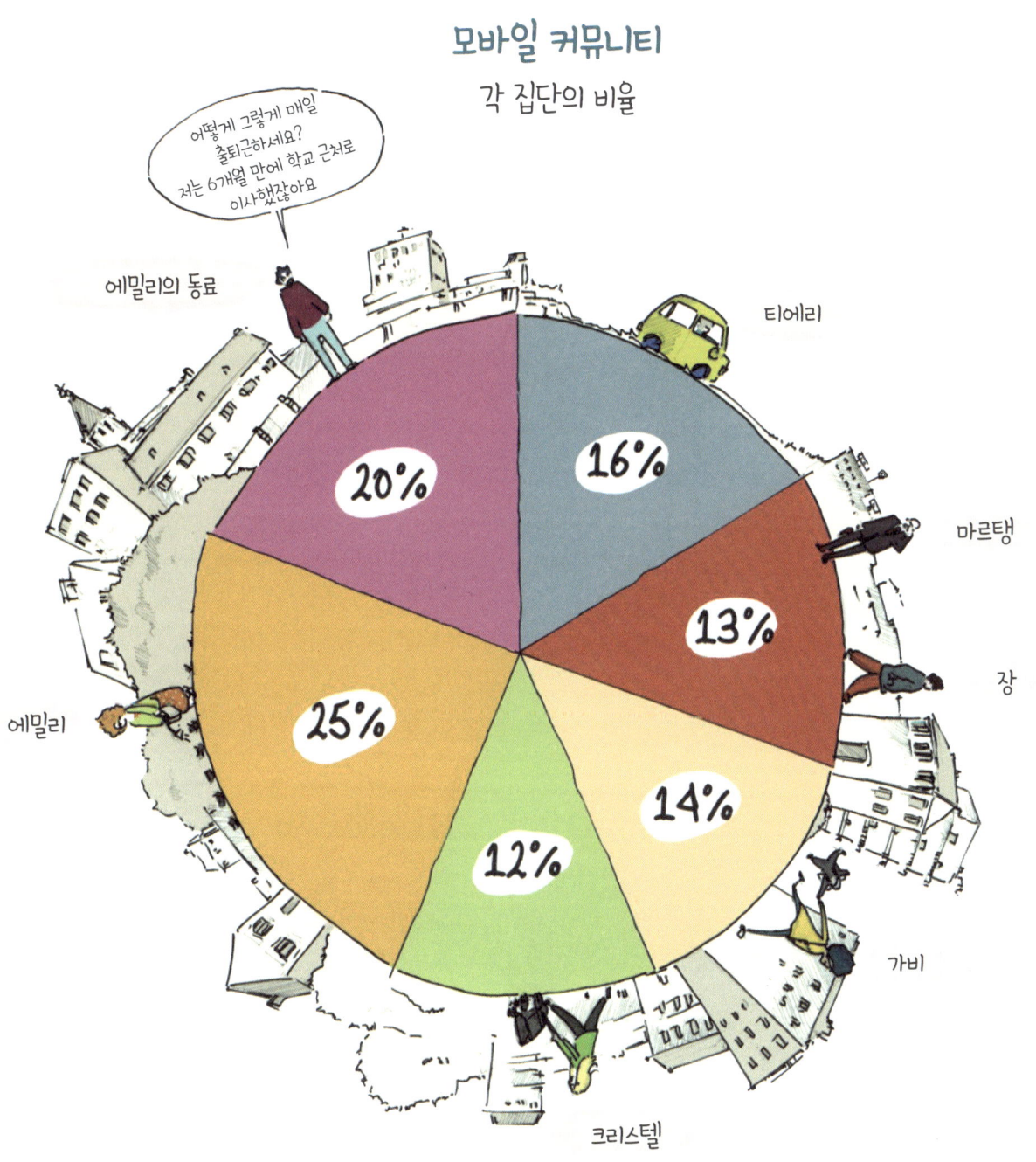

## 다양한 경험들

재정적 환경이 고-모빌리티적 성향에 미치는 영향을 연구한 결과, 우리는 중요한 사실을 발견했다. 고-모빌리티는 사람마다 서로 다르게 경험된다는 것이다.

크리스텔이 이를 적절하게 보여 준다. 고-모빌리티를 매우 긍정적인 것으로 경험하고 보람 있는 일로 여기는 이들은 또한 고-모빌리티를 그만둘 수 있는 엄청난 능력을 소유한 이들이기도 하다. 모빌리티로 인해 골치를 앓는 가비와 티에리 같은 사람들은 그 상황을 피할 수 있는 실질적 방법이 없다.

이러한 차이를 설명해 주는 요소는 매우 광범위하다. 생활 방식, 결혼 여부, '삶의 질'에 대한 관념, 부모 역할, 모빌리티 기술, 경제적 여건, 그리고 사회적 지위도 고려에 넣을 수 있다. 우리 연구는 고-모빌리티를 긍정적으로 경험하든 부정적으로 경험하든 그 경험이 개인적 특성, 즉 개별적이면서 대인관계적인 특성과 긴밀하게 연결되어 있음을 보여 준다.

그래서 고-모빌리티 경험은 그저 질 좋은 교통 서비스를 제공하는 문제가 아니다. 쾌적한 설비와 인체공학이 이동 시간의 활용을 촉진하긴 하지만, 이동하는 사람들이 자동적으로 모바일 라이프에 만족하도록 해 주지는 못한다.

에밀리는 이동 양식을 스스로 선택하고 거기서 작업을 하거나 휴식을 취함으로써 이동 시간 활용을 극대화한다. 이는 그녀가 장기간 이어지기를 바라지 않는 그 상황을 좀 더 긍정적으로 경험하게 해 준다.

에밀리처럼 마르탱도 업무를 하면서 이동 시간을 최적화하는 방법을 알고 있다. 그는 사무실 밖에서 업무를 보는 것과 마찬가지로, 실제 '집에 있지' 않아도 어떻게 거기에 있을 수 있는지 잘 알고 있다. 마르탱의 장기적 고-모빌리티, 그리고 그가 거기서 느끼는 즐거움은 많은 부분 그의 능력, 곧 장소·시간·활동 등을 멀리 떨어진 채로도 관리할 수 있는 능력에 기인한다. 이는 업무 영역과 가정생활 영역이 서로 침투하는 상황을 유발하기도 한다.

한편, 가비에게 이동 시간은 육체적으로 힘들 수밖에 없는 조건(붐비는 시간, 자리에 앉기 어려움) 때문에 쓸모없는 시간일 뿐이다. 따라서 고-모빌리티는 가비가 감수해야 하는 지루한 상황이 된다. 그러나 경제적 상황을 고려할 때 다른 선택의 여지는 없다.

## 고-모빌리티: 사회적 지표

여섯 인물의 초상―과 이들을 통한 연구 결과―은 고-모빌리티를 이해하는 데 필요한 방법, 곧 흐름과 기계적 유동성이라는 단순한 교통 및 이동 관념을 넘

## 고-모빌리티적인 사람들이 이동 시간을 활용하는 방식의 변화

마르탱처럼 외박을 자주 하는 사람들은 이동 시간을 점점 더 **여가 활동**에 활용한다.

에밀리 같은 통근자들은 이동 시간을 점점 더 **휴식**에 활용한다.

마르탱과 에밀리처럼 고-모빌리티적인 사람들은 이동 시간을 점점 더 **업무**에 활용한다.

어서는 방법을 보여 준다.

모빌리티적이라는 것은, 예컨대 지하철 탑승객의 흐름 속에 있는 무작위적 입자들처럼 A 지점에서 B 지점으로 나아가는 것을 의미하지 않는다. 우리는 이 흐름을 **구성하는** 입자들을 살펴봐야 한다. 각각의 입자에는 개인적인 (그리고 직업적인) 역사, 기술, 계획 등이 있기 때문이다.

마찬가지로 각각의 이동은 일과 관련한 것이든 그렇지 않은 것이든 그 발생 맥락, 시간 틀, 제약, 위치 등을 토대로 더 깊은 의미를 갖는다. 물론 우리는 입자가 아니라 사람에 대해서 이야기하고 있다. 마찬가지로, 우리는 더 이상 교통이 아니라 모빌리티에 대해 이야기해야 한다.

이런 사회학적 노력은 서로 다른 사람들의 지극히 다양한 잠재력을 강조하도록 해 준다. 교통 접근성, 모빌리티 기술, 모빌리티 계획은 모두 모빌리티 잠재력의 토대를 형성한다. 그러나 이 세 요소는 모든 것을 포괄하는 결정 요인이 아니라 오히려 맥락에 크게 의존한다. 모빌리티 기술은 평생 동안의 모빌리티 경험으로 습득되는 것이지만, 교통의 제공은 지역에 따라 다르다. 더욱이 지역이 지닌 잠재력 수용성potential receiveness은 그 정도가 계속 달라진다. 이는 서비스, 교통 인프라, 공간 조직 등과 관련해서 사람들의 계획과 특정한 고-모빌리티 요구가 지닌 특성에 의존한다.

고-모빌리티는 풍부하고 포괄적인 렌즈를 제공한다. 우리는 이를 통해서 지역, 직장, 가족 등을, 그리고 무엇보다 사람들이-개인적인 역사, 기술, 성향 등과 함께-일상생활에서 그런 요소들을 결합하는 방식을 더 잘 이해할 수 있다.

미래는 우리에게 무엇을 가져다줄까? 가비와 티에리는 경제적 필요 때문에 계속 고-모빌리티적으로 살아갈까? 에밀리는 결국 장거리 통근을 중단할까?

현대사회에는 고-모빌리티가 증가 추세에 있다는 대중적 믿음이 있다. 그에 반해-고-모빌리티에 대한 시간적 접근법에 기초한-우리의 연구 결과는 그 믿음에 얼마간 신중을 기하도록 유도한다. 고-모빌리티의 실행은 노년 세대보다 젊은 세대에서 더 성행하는 것이 아니다. 그러나 고-모빌리티 상황과 관련한 불안정성과 이동 경로의 복잡성은 점차 증가하는 듯하다. 점점 더 많은 사람들이 고-모빌리티 상황에 직면하게 되지만 그 기간은 비교적 짧다. 그렇지만 훨씬 더 자주 직면하고 있기는 하다.

이 점에서 고-모빌리티는 (부부 관계의 약화로 인해 가정에서도, 그리고 경제적 역동성으로 인해 직장에서도) 현대사회의 점증하는 불확실성을 나타내는 또 다른 기호다. 통근에 많은 시간을 쓰는 사람이 대도시보다 교외나 지방에서 살아갈 가능성이 더 높은 것은 너무나도 당연하다.

이러한 경향은 고-모빌리티에 강력한 영향을 미치지만 정부 당국과 운송업자가 관여할 여지를 남겨 둔다. 우리 사회 고-모빌리티의 미래는 그 어느 때보다도 다양한 고성능 교통의 제공 외에도 가정 구조의 변화, 주택 시장의 유동성, 노동법의 변화, 그리고 교통과 무관한 다른 많은 요인들―여기에는 노동시장에서 여성의 역할, 가족 내 성 역할 등이 포함된다―에 달려 있다.

고-모빌리티는 교통정책을 통해서도 영향을 받겠지만, 진정한 모빌리티 관련 정책 개발이라는 더 넓은 틀 안에서 그렇게 될 것이다.

고-모빌리티적인 사람들에 대한 연구보고서 전문은 다음 사이트를 참고하라.
http://fr.forumviesmobiles.org/projet/jobmob

# 정치적 구상

실비 랑드리에브

크리스토프 게이

마르크 피어스

# 고-모빌리티: 사회적 현상

지난 수십 년 동안 집과 직장의 거리는 계속 멀어졌다. 교통의 속도가 증가함에 따라 우리는 이사를 하지 않고도 집에서 100마일 떨어진 곳에서 작업을 할 수 있다. 보통 이런 생활 방식, 이른바 '가역적' 모빌리티는 사업가, 회사 중역, 연구자, 힘 있는 법률가 등의 특권으로 여겨진다. 영화 〈인 디 에어In the Air〉에서 조지 클루니George Clooney가 맡았던 배역처럼 말이다. 실은 고-모빌리티에 가장 관심 있는 사람은 장거리 교통 운전사인데 말이다. 물론 변한 것도 있다. 이제 다른 많은 서비스 부문들—영업, 교육, 행정 등—도 또한 고-모빌리티의 영향을 받는다는 것이다. 오늘날 프랑스에서 직장인이 있는 가정의 절반은 고-모빌리티적인 사람을 한 번쯤은 포함하게 된다.

직장이 잦은 출장이나 '외박'과 함께 매일 2시간 통근을 요구하든 그렇지 않든 간에, 고-모빌리티는 사회적 현상이 되었다. 지역에 '뿌리를 내린 채' 거주하려고 하지만 업무 때문에 빈번히 이동할 수밖에 없는 생활 방식은 근대적 삶의 전형이라고 말할 수 있다. 그런데 고-모빌리티적인 사람들은 정말 어떤 생각을 하고 있을까?

우리는 이 연구 프로젝트를 통해서 고-모빌리티적인 사람들을 사회적 수준에서 규명하려 했다. 그들의 생각, 느낌, 바람 등을 밝히고 그들의 관행, 경험, 욕망 등을 더 잘 알고자 했다. 말하자면, 그들의 삶의 방식을 이해하려 한 것이다.

독일·스페인·프랑스·스위스에서 2007년과 2011년 수행된 이 연구를 바탕으로 '모바일 라이브스 포럼the Mobile Lives Forum'은 단순한 교통정책이 아닌 진정한 모빌리티 정책을 개발하고 시행할 수 있는 도구, 일 관련 모빌리티에 영향을 받는 모든 이들에게 유용한 도구를 제안하려 한다. 그 대상에는 경제 발전, 교통, 가족, 젠더 평등에 책임이 있는 고-모빌리티적 피고용인, 의사결정권자, 공공 사업자 등과 함께 사행정私行政이나 국정國政 같은 집단적 단위가 모두 포함된다. 또한 모빌리티적이든 그렇지 않든 모바일 라이브스 포럼의 연구와 조사에 관심이 있을 개인들도 포함된다.

# 고-모빌리티: 고난의 직장 생활 시기

유럽에서 시행된 조사에 의하면, 직장 생활을 하는 동안 어떤 지점에서는—때로는 몇몇 서로 다른 지점에서, 그러나 짧은 기간 동안—고-모빌리티적이게 되리라고 생각하는 사람이 늘고 있다. 오늘날 그런 삶의 방식을 절대적으로 피하거나 거부하기란 쉽지 않다. 하지만 오랜 기간 그렇게 살려고는 하지 않는다. 모빌리티적 직업(항공기 조종사, 자가용 기사, 운전사, 배달원 등) 또는 영업직, 그러니까 모빌리티가 업무의 핵심인 직업 외에는 그렇다. 사람들은 실질적 이유로, 즉 승진을 하라는 희망으로 고-모빌리티적이게 된다. 또는 많은 경우

생활 방식의 변화를 요구하는 힘든 시기(실업, 별거 등) 동안 고-모빌리티를 감수함으로써, 즉 즐거움보다는 필요로 인해서 그렇게 된다. 이는 자유로서의 모빌리티라는 이미지에 명백히 문제를 제기한다.

고-모빌리티적인 사람들은 점차 자신들의 생활 방식을 기진맥진, 고단함, 힘듦, 궁핍(아마도 재정적 궁핍은 아닐 것이다) 등으로 묘사한다. 알든 모르든, 이들은 친구 관계의 응집력과 가족 단위의 응집력도 저해하고 있고, 그래서 지역 생활에 참여하지도 못한다.

우리 연구는 고-모빌리티적 생활 방식이 건강(피로), 가족(별거의 위험), 사회생활(사회성 결여) 등에 끼친 몇 가지 영향을 정확하게 지적한 바 있다. 그런 생활 방식이 초래할 다른 잠재적 영향들(원거리 교육의 사회적 비용, 아이들의 학교 교

육, 스트레스 등)에 대한 연구는 훨씬 더 흥미로울 것이다.

고-모빌리티적 생활 방식에 사회적으로 더 주목해야 한다는 강력한 요구가 제기되고 있다. 고용주나 정치인뿐만 아니라 노동자들 사이에서도, 그리고 사회 전체적으로도 말이다. 그 고단함을 줄이려면 그 현상과 동행할 방법, 고-모빌리티적인 사람들의 삶을 수월하게 할 방법, 힘들지 않고 더 지속 가능한 대안적 생활 방식의 육성을 촉진할 방법을 상상해야만 한다.

## 고-모빌리티적인 사람들을 인식하고 보조하기

고-모빌리티적인 사람들이 자신들의 생활 방식을 어떻게 인식하는지를 분석하여 얻은 연구 성과를 살펴보자.

우리 연구는 고-모빌리티적 피고용인의 인력 정책을 재고할 때 그들과 함께하는 것이 중요함을 강조한다. 우리는 본래 고-모빌리티적인 직업들, 즉 대형 화물트럭 기사, 철도 기관사, 항공기 조종사 등의 존재는 잘 알고 있지만 새로운 모빌리티 직업들에 대해서는 잘 알지 못한다.

### 고-모빌리티에 필요한 기술 계발하기

피고용인의 복지와 관련한 정책의 출발은, 우선 고-모빌리티에 참여하는 일자리가 무엇인지 파악하고 그 일자리에 딱 들어맞는 사람, 이를테면 자녀가 없는 사람이나 자녀가 이미 성장한 사람을 그 자리에 배치하는 것이다. 우리 연구는 어떤 대가든 감수하고 필사적으로 직업을 구하는 구직자들이 더 기꺼이 고-모빌리티적이고자 한다는 것을 보여 준다. 스페인에서는 2008년 경제 위기 이후 많은 구직자들과 불안정 피고용자들이 고-모빌리티적이게 되었다. 경제 상황이 더 나은 프  랑스에서는 그 현상이 한부모가정, 기술이 부족한 사람 등의 집단에서 나타나는 경향이 있다.

경제 상황이 계속 나빠지면 고-모빌리티는 잠재적으로 증가할 수 있는데, 이런 경우 정치적 지침이 중요한 역할을 하게 될 것이다. 특히 연구 결과가 보여 주듯 인구의 상당 부분이 모빌리티 기술을 이용하는 방법, 말하자면 지역 교통 이용 방법 또는 외국에서 일자리를 구하는 계획을 발전시킬 방법 등의 고-모빌리티적이게 될 방법을 알지 못하는 상황에서는 말이다.

기업은 고-모빌리티적 피고용인들과 이들의 출장을 조직하는 담당자들에게 필요한 이동 교육 프로그램(지도 독해, 공간적 방위, 커뮤니케이션 테크놀로지의 활용, 예상하지 못했던 사건 다루기, 문화횡단적 사회화 등)을 개발할 수 있다. 또한 개인과 가족에게 고-모빌리티 관련 위험에 대한 정보를 제공하고, 위험 신호(업무 시간의 변화, 탈진의 위험, 가계 구조의 변화 등)를 미리 알아챌 수 있도록 정기 검진 등의 방지 대책을 시행할 수도 있다. 나아가 기업은 새로 획득한 기술들에 대한 대가로 더 많은 것을 제공할 수도 있다. 우리 연구가 발견한 바대로 장기적 고-모빌리티가 대중의 믿음과 달리 많은 수입을 올리거나 승진할 가능성을 높여 주지 못한다면 말이다.

## 고-모빌리티적인 사람들과 모항母港의 연결을 촉진하기

그동안 모빌리티적 직업이 갖는 고단함은 특별 규정, 보상 휴가, 보너스 같은 일종의 보상적 조치들을 통해서 인정을 받아 왔다. 기업들은 기본적으로 재정적 보상(판매원의 경우), 더 안락한 수준의 이동(비행기와 기차의 비즈니스 클래스 또는 퍼스트 클래스), 숙소(체인 호텔) 등 물질적인 보상을 하고 있다.

하지만 고-모빌리티적 개인들이 그 경험을 긍정적으로 받아들이려면 가족과 친구의 많은 지원이 있어야만 한다. 한계나 구속 없이 영속적으로 움직이는 삶이 좋은 인생이라는 신화와 달리, 우리는 더 모빌리티적이게 될수록 더 많은 안정감을 필요로 하는 듯하다. 고-모빌리티적인 사람들의 이혼율이 매우 높은 이유는 아마도 여기에 있을 것이다.

이런 고찰을 토대로 기업들은 고-모빌리티적 피고용인들과 이들의 '모항母港' 간 접촉을 촉진하는 데 힘쓸 수 있

었다. 스카이프Skype나 페이스타임Face Time을 할 수 있는 태블릿PC 같은 커뮤니케이션 도구를 제공함으로써 말이다. 그로 인해 고-모빌리티적 피고용인들은 가족과 만나고 심지어 아이들의 숙제를 도울 수 있게 되었다.

고-모빌리티의 촉진은 고-모빌리티적인 사람들의 가족이 고-모빌리티의 장점과 단점을 더 잘 이해하게 됨을 의미한다. 고-모빌리티적 개인은 경우에 따라 가족을 구성원들을 동반해서 출장을 떠날 수도 있다.

고-모빌리티적인 사람과 그 가족들이 교류 네트워크와 토론 그룹을 만드는 것도 좋은 방법이다. 아이들은 자기 경험을 이야기함으로써 고립감과 소외감에서 벗어날 수 있고, 선생님들은 그런 생활 방식과 그것이 아이들에게 미치는 영향(예컨대, 부모와 일상적 관계를 맺지 못함)에 관해 더 많이 배울 수 있다.

끝으로, 우리의 연구 성과 가운데 두 가지는 젠더와 관련되어 있다. 첫째, 여성 배우자가 모빌리티적인 부부는 남성 배우자가 모빌리티적인 부부에 비해 회복력이 떨어졌다. 둘째, 첫째 아이의 출산은 여성의 모빌리티를 완전히 중단시켰다. 이런 연구 결과를 충분히 고려한 모빌리티 정책은 충분히 시행할 만한 가치가 있다.

# 고-모빌리티적인 사람들의 이동 시간이 지닌 재정적 가치 재평가하기

2007년부터 2011년 사이—두 번의 조사가 이루어진 4년의 기간 동안—이동 시간을 업무에 활용하는 고-모빌리티적인 사람의 비율이 30퍼센트 증가했다. 이는 노동시장의 긴장 증대와 그에 따른 외근 시간 증가를 포함한 수많은 요소들 때문이었다. 여기에 더해 안락한 이동 수단과 새로운 테크놀로지(태블릿, 스마트폰 등)가 활용되면서 의자가 있는 모든 장소가 이동식 사무실로 바뀌었다.

이러한 이동 관행이 계속된다면—또는 증가한다면— 대중교통 기업은 자가용에 대한 우월한 지위를 도모하고 획득하게 될 것이다. 기업들은 승객에게 와이파이로 연결된 진정한 작업 공간, 장치를 충전할 수 있는 콘센트(몇몇 기차에서는 벌써 이용 가능하다), 출력 서비스, 컴퓨터 부대 용품(어댑터, 충전기 등), 구매 서비스 등을 제공함으로써 실질적 경쟁 우위를 확보할 것이다.

이러한 변화로 인해 우리는 또한 이동 시간의 경제적 가치를 다시 생각해 보게 된다. 왜 그 시간을 그 자체로서 업무 시간으로 여기지 않는가? 만약 그렇다면, 기업은 피고용인에게 최고의 업무 환경을 갖춘 교통 양식을 제공할 수 있고, 교통 운영자는 움직이는 사무실로 전환되는 교통 양식의 제고 방법을 공동으로 개발할 수 있다.

의사결정권자는 인프라를 더 많이 구축하기보다 기존 교통 양식을 더 안락하게 만들려고 할 것이다(연결성 높이기, 업무 시간에 시차를 두어 혼잡 시간을 줄이기 등). 우리 연구는 고-모빌리티적인 사람들이 접근성의 평등 문제에 비교적 둔감함을 보여 준다. 따라서 교통 기업들은 운행 속도와 빈도를 향상시키고 승객들에게 개인적으로 연착을 알려주는 데 주력함으로써 모빌리티적인 사람들이 더 나은 삶을 수 있도록 노력해야 할 것이다.

모빌리티 서비스 기업은 그 유형이 고-모빌리티든 그렇지 않든, 모빌리티 노동자나 인사 담당자에 맞춤형 교육을 제공할 수 있다. 그들은 (예컨대, 첫 출장을 떠나는 사람과 물리적으로 동행함으로써) 여정과 교통 양식의 선택, 대안적 경로의 사용 능력, 이동 시간 활용 등을 더 잘 관리함으로써, 그리고 (연착하는 동안 스트레스 관리를 통해) 이동 시간의 지각 방식을 개선함으로써 모빌리티의 편제를 도모할 수 있다.

## 고-모빌리티 조절하기, 다른 생활 방식 촉진하기

고-모빌리티는 많은 경우 직업상 진로의 첫 걸음으로 인식된다. 그렇다면 고-모빌리티가 프랑스보다는 독일과 스위스에서 근대적 생활 방식에 대한 반대의 형식으로 발달했다고 봐야만 할까? 고-모빌리티는 그런 나라들의 사회경제적 구조나 낮은 출산율과 연결되어 있는 것은 아닌가? 앞으로 가능한 연구 주제다…, 하지만 오늘날 우리는 모빌리티 기간을 한정하려는 사람들을 인정하는 데서, 또 업무 관련 이동을 조절하는 데서 출발하지 않으면 안 된다.

## 고-모빌리티적 일자리 수 제한하기

고-모빌리티적인 사람들은 자신들의 상황을 임시적인 것으로 여기는 경향이 있기 때문에 기업은 그들의 고-모빌리티 기간이 지속되지 않도록 제한하려는 노력을 했고, 그래서 심지어는 고-모빌리티적 일자리의 수를 줄이는 데까지 나아갔다. 또한 외박을 제한하기 위해 장거리 이동이 필요한 일자리를 재검토하기도 했다.

## 다른 모빌리티 시스템 탐구하기

원격 작업―집에서, 새로운 공동 작업 공간에서, 또는 다른 어떤 곳에서 하는 작업―이 가능하도록 지원하는 몇몇 시스템은 1970년대에 설계되었지만, 오늘날 새로운 정보 테크놀로지의 확산에 힘입어 크게 발전했다. 더 먼 미래에는 위치 교환 네트워크가 개발되어 물리적 출장의 수와 빈도가 감소할 것이라 예상할 수도 있다. 이로 인해 특히 등가성 체계(예를 들면, 보수나 기타 수당들)의 수립과 관련해서 복잡한 문제가 불거질 수도 있지만, 특히 큰 사업의 경우 그 네트워크는 검토해 볼 가치가 있다. 국가는 그런 교환을 가능하게 할 조건을 탐구하고 그런 실행을 촉진할 규정을 제정하는 데 도움을 줄 수 있다.

우리 사회가 미래에 에너지를 덜 소비할 가능성이 있음을 고려할 때, 그런 시스템은 직장을 집에 더 근접하게 만드는 결과를 낳을 수 있다. 이는 전후 경제 활황기에 착수된 정부 지원 도시 계획 프로젝트만큼이나 효과가 있을 것이다. 지역 생산과 짧은 유통 경로도 또한 공헌을 할 수 있다. 3D 프린터 같은 새로운 테크놀로지가 그런 것처럼 말이다.

많은 경우 사람들의 이동 능력(즉, 모틸리티)을 찬양하는 연구, 곧 경영 담론과 개인들의 열망 사이에 존재하는 간극은 인력 정책뿐만 아닌 모빌리티 정책 일반의 개혁으로 이어질 것이다. 예를 들어, 그런 정책이 사회 관계와 가족 관계의 중요성을 계속 무시해서는 안 된다.

고-모빌리티적인 사람들의 열망과 인식에 대한 분석은 현대 사회조직에 대해서 문제를 제기하게 해 준다. 지구온난화 또는 에너지 자원 고갈 같은 문제에 직면한 세계의 계속 증가하는 이동 위에 설립된 그 사회조직에 대해서 말이다. 뿐만 아니라 고-모빌리티적인 사람들에 대한 연구는 '좋은 모바일 라이프'의 미래 모습, 그것을 달성할 수 있는 방법, 그리고 채택해야 할 정책 등을 밝혀 내는 데 도움이 될 것이다.

# 저자에 대하여

**에마뉘엘 라발레**Emmanuel RAVALET 공학 교육을 받았다. 리옹대학교에서 교통경제학으로 박사학위를, 국립과학연구기관 도시화·문화·사회연구소INRS-UCS(몬트리올)에서 도시 연구로 박사학위를 받았다. 현재 스위스 로잔공과대학the École Polytechnique Fédérale de Lausanne 도시사회학연구소the Laboratory of Urban Sociology(LaSUR)에서 수석연구원으로 일하고 있다.

**스테파니 뱅상 지랑**Stéphanie VINCENT-GESLIN 프랑스 국립토목학교the École nationale des travaux publics de l'État(ENTPE, Vaulx-en-Velin) 교통경제연구소the Laboratoire d'économie des transports(LET) 소장이자 스위스 로잔공과대학 도시사회학연구소LaSUR 공동연구원. 파리-데카르트대학the University Paris-Descartes에서 사회학 박사학위를 받았다. 모빌리티 행동과 거기서 이루어지는 변화를 이해하는 데 초점을 맞추고 있다.

**뱅상 카우프만**Vincent KAUFMANN 스위스 로잔공과대학 도시사회학 및 모빌리티 분석 교수. 도시사회학연구소LaSUR를 이끌고 있고, 모바일 라이브스 포럼 운영위원회 위원장을 맡고 있다. 스위스연방철도SNCF가 미래 모빌리티를 조사하기 위해서 설립한 연구교류센터 소장이기도 하다.

**장 르베글**Jean LEVEUGLE 도시계획가이자 일러스트레이터. 파리1대학 팡테옹-소르본 University of Paris 1 Panthéon-Sorbonne에서 개발학으로 석사학위를 받았고, 파리 국립고등사범학교École Normale Supérieure of Paris와 에스티엔 학교the Estienne School를 졸업했다. 사회학과 정치학을 공부했고 지금은 모빌리티, 빈곤, 배제 등의 문제를 연구하고 있다. 일러스트레이션을 통해 사회과학 연구 성과를 공유하고 대중화하려는 노력을 하고 있다.

**실비 랑드리에브**Sylvie LANDRIÈVE 모바일 라이브스 포럼의 공동관리자. 특히 영토의 조직(도시계획, 주거, 교통)과 관련한 공공정책을 평가하는 데 관심이 있다. 이는 인문학에 대한 이론적 연구(파리 1대학과 파리정치대학Sciences-Po Paris), 경영학 연구(마인스Mines, 낭테르Nanterre 그리고 유럽경영대학원ESCP), 공공 부문 및 민간 부문의 부동산과 도시계획 프로젝트 책임자 업무(비엔피 부동산BNP Real Estate, 스위스연방철도) 사이에 공통된 맥락이 있음을 보여 준다.

**크리스토프 게이**Christophe GAY 모바일 라이브스 포럼의 공동관리자. 생활 방식을 결정하는 요소로서 상상·재현·사회 규범 같은 문제들, 특히 현재와 미래의 모빌리티와 관련한 문제에 대해 주로 생각한다. 이런 이유로 자신이 이전에 전략 커뮤니케이션 계획의 관리자로 참여한 바 있는 스위스연방철도에 모바일 라이브스 포럼 창설을 제안했다. 연구 영역은 국제법, 정치학, 심리사회학 등이다.

**마르크 피어스**Marc PEARCE 연구 프로젝트 지도 및 모바일 라이브스 포럼 연구 성과 출판 책임자. 사회학(소르본)과 도시계획(뉴욕 시립대학City University of New York, 파리 도시계획연구소 Institut d'Urbanisme, 파리 말라케 건축학교ENSA Paris-Malaquais de Paris)으로 학위를 받았다. 지식 보급 방법을 향상시키는 데, 그리고 과학 데이터의 시각화와 연관된 중요한 문제에 관심이 있다.

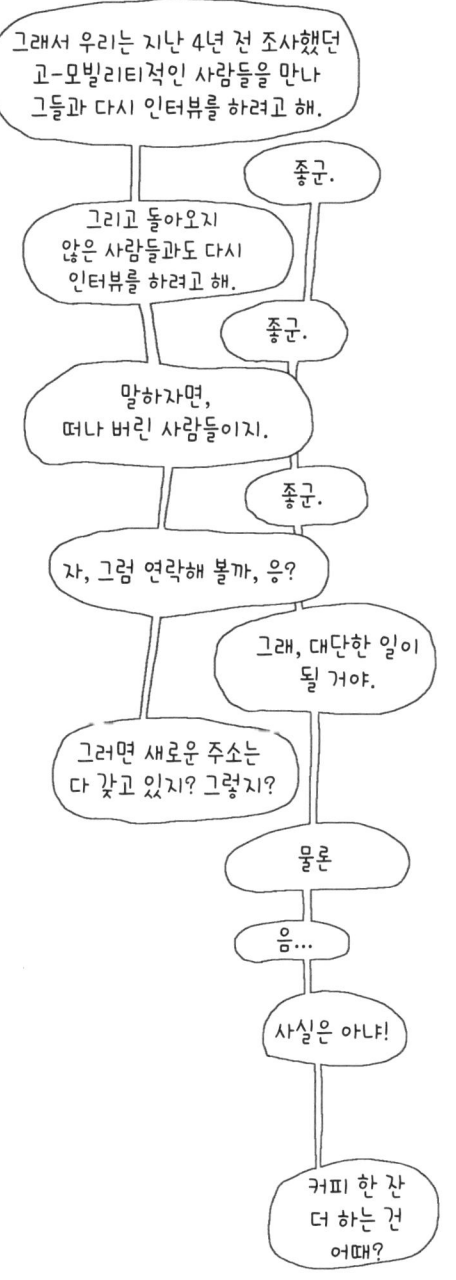

모바일 라이브스 포럼은 프랑스 국영철도의 지원으로 2011년 창립한 모빌리티 관련 독립 연구 및 교류 기관이다. 사회학자 뱅상 카우프만의 학문적 지도 아래 모빌리티를 물리적 운동이자 사회적 변화로서 연구하고 있다. 이 포럼의 목표는 모빌리티적 생활 방식의 변화를 이해하기 위한 수단을 제공하는 것, 그리고 그런 변화를 준비하고 또 그에 영향을 미치는 것이다.

모바일 라이브스 포럼은 모빌리티 이행을 준비한다. 오늘날 생활 방식은 자유의 원천이지만 피로와 소외의 원천이기도 하다. 기후변화, 석유의 고갈과 비용 증가, 도시의 혼잡과 공해 등은 물리적 이동, 전기 통신, 우리의 활동 간 균형에 영향을 미치고 있고, 또 점차 영향을 미치게 될 것이다.

모바일 라이브스 포럼은 이런 균형에 대해 다시 생각해 보고, 미래에 좋은 모빌리티적 삶이란 과연 어떤 것일지 탐구하려고 한다. 개인과 사회 모두의 측면에서 말이다. 그럼으로써 개인, 사업, 정부 등의 수준에서 변화를 촉발할 수 있는 지렛대를 찾아보려고 한다.

## 모바일 라이프

2021년 1월 29일 초판 1쇄 발행

지은이 | 에마뉘엘 라발레 · 스테파니 뱅상 지랑 · 뱅상 카우프만
각색 · 그림 | 장 르베글
옮긴이 | 이진형 · 김희재
펴낸이 | 노경인 · 김주영

펴낸곳 | 도서출판 앨피
출판등록 | 2004년 11월 23일 제2011-000087호
주소 | 우)07275 서울시 영등포구 영등포로 5길 19(양평동 2가, 동아프라임밸리) 1202-1호
전화 | 02-336-2776   팩스 | 0505-115-0525
블로그 | bolg.naver.com/lpbook12
전자우편 | lpbook12@naver.com

ISBN 979-11-90901-14-7